¿QUÉ SIGNIFICA SER ELECTRICISTA?

CHRISTINE HONDERS

PowerKiDS press™

New York

Published in 2020 by The Rosen Publishing Group, Inc.
29 East 21st Street, New York, NY 10010

First Edition

Translator: Ana María García
Editor, Spanish: Natzi Vilchis
Book Design: Michael Flynn

Photo Credits: Cover, p. 1 Monty Rakusen/Cultura/Getty Images; pp. 4, 6, 8, 10, 12, 14, 16, 18, 20, 22 (background) Apostrophe/Shutterstock.com; p. 5 Samson Yury/Shutterstock.com; p. 7 PT Hamilton/Shutterstock.com; p. 9 Jim Parkin/Shutterstock.com; p. 11 Huntstock/Getty Images; p. 13 KikoStock/Shutterstock.com; p. 15 anurakss/Shutterstock.com; p. 17 PRESSLAB/Shutterstock.com; p. 19 Roger Ressmeyer/Corbis/VCG/Corbis Documentary/Getty Images; p. 21 Zivica Kerkez/Shutterstock.com; p. 22 Volodymyr Krasyuk/Shutterstock.com.

Cataloging-in-Publication Data

Names: Honders, Christine.
Title: ¿Qué significa ser electricista? / Christine Honders.
Description: New York : PowerKids Press, 2020. | Series: Trabajos que quieren los niños | Includes glossary and index.
Identifiers: ISBN 9781725305649 (pbk.) | ISBN 9781725305663 (library bound) | ISBN 9781725305656 (6 pack)
Subjects: LCSH: Electricians-Juvenile literature. | Electrical engineering—Vocational guidance—Juvenile literature. | Electric industries—Vocational guidance—Juvenile literature.
Classification: LCC TK159.H66 2020 | DDC 621.3023—dc23

Manufactured in the United States of America

CPSIA Compliance Information: Batch #CSPK19. For Further Information contact Rosen Publishing, New York, New York at 1-800-237-9932.

CONTENIDO

El poder de la electricidad

Enciendes la luz. Sacas algo del refrigerador. Juegas tus videojuegos favoritos. ¿Alguna vez te has puesto a pensar en cómo funcionan todas estas cosas? Funcionan gracias a la electricidad y a los electricistas que las mantienen funcionando.

¿De dónde viene la electricidad?

La electricidad es una forma de **energía**. Las centrales eléctricas producen electricidad quemando carbón, aceite o gas natural. Esto genera calor, que se utiliza para hervir agua. El vapor procedente del agua hirviendo, así como también el agua corriente, alimentan unas máquinas llamadas *generadores*. Los generadores producen electricidad.

Líneas eléctricas

La electricidad pasa a través de unos cables que se conocen como *líneas eléctricas*. Estas líneas eléctricas llevan electricidad a negocios y hogares. Los electricistas se aseguran de que la electricidad llegue a su destino y no se interrumpa. A veces, después de una tormenta, es necesario reparar esas líneas.

El trabajo de un electricista

Los electricistas se aseguran de que la energía eléctrica funcione en nuestros hogares y en los lugares públicos. Reparan cables en los viejos edificios y hacen llegar la electricidad a los nuevos. Los electricistas también trabajan en el exterior. Así, se aseguran de que las líneas de alta tensión de las centrales eléctricas estén en perfecto funcionamiento.

Trabajar en equipo

Los electricistas a veces forman parte de un equipo. Los constructores colaboran con los electricistas cuando construyen un nuevo edificio. Trabajan juntos para planificar e **instalar** el **cableado**. Los electricistas con experiencia enseñan y entrenan a los electricistas que recien empiezan en esta labor. Trabajan en equipo para aprender unos de otros.

13

¡En acción!

Ser electricista significa "no parar". Siempre están de pie, yendo de un lugar a otro. Se suben a los **postes de luz** y reparan cables en el aire. Siempre están subiendo a escaleras y **andamios**. No pueden tener miedo a las alturas.

¡Habilidad para pensar!

Los electricistas saben resolver bien los problemas. Prueban y estudian el **sistema** eléctrico para localizar la avería. Saben matemáticas básicas y cómo leer el plano de un edificio. Los electricistas deben tener mano firme cuando trabajan con piezas pequeñas.

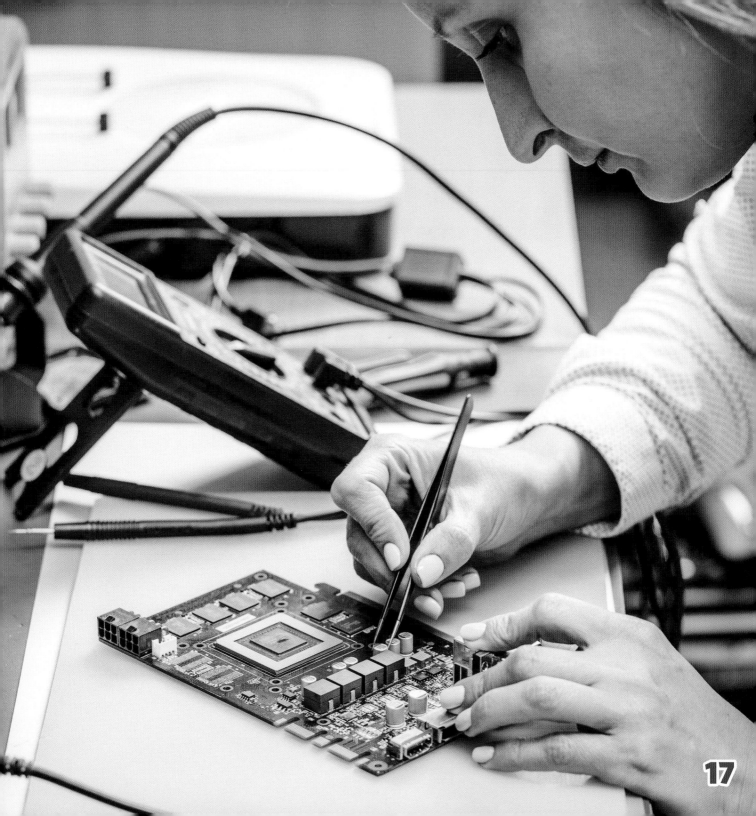

Algunos riesgos

Un electricista debe estar pendiente de su seguridad. A veces trabajan en espacios reducidos o en lugares altos. También trabajan con cables de alta tensión que son peligrosos. Algunos electricistas necesitan estar siempre disponibles en casos de emergencia.

¿Cómo llegar a ser un electricista?

Puedes hacerte electricista una vez que termines la escuela secundaria y hayas tomado cursos de **Álgebra**. Aprenderás si trabajas durante unos cinco años con un electricista con experiencia. En casi todas partes, para ser electricista se debe pasar un examen antes de trabajar por cuenta propia. Después, ¡serás electricista!

¡Todo iluminado!

Un electricista es como un detective: investiga lo que está mal y cómo arreglarlo. Se trata de un trabajo fascinante donde siempre hay algo nuevo que aprender.
El mundo funciona con electricidad ¡y necesitamos electricistas para seguir iluminándolo todo!

GLOSARIO

álgebra: parte de las matemáticas que utiliza letras y números para resolver ecuaciones.

andamio: superficie elevada construida como soporte para los trabajadores y sus herramientas.

cableado: conjunto de cables de una instalación.

energía: potencia necesaria para trabajar o actuar.

instalar: colocar o poner algo en su lugar.

poste de luz: palo alto que se utiliza para sostener las líneas de teléfono y las de alta tensión.

sistema: forma en que un grupo de personas o cosas trabajan juntas.

ÍNDICE

SITIOS DE INTERNET

Debido a que los enlaces de Internet cambian constantemente,
PowerKids Press ha creado una lista de sitios de Internet relacionada con el tema de este libro.
Este sitio se actualiza con regularidad. Por favor, utiliza este enlace para acceder a la lista:
www.powerkidslinks.com/JKW/electrician